AF315369

PARIS, IMPRIMERIE DE PILLET FILS AINÉ,
5, RUE DES GRANDS-AUGUSTINS.

CATALOGUE

D'UNE COLLECTION

D'OBJETS D'ART

ET DE CURIOSITÉ

Émaux de Limoges ; Faïences anciennes de Bernard Palissy et autres ;
Ivoires et Bois sculptés ;
Armes et Armures du xvie siècle ; Orfévrerie ancienne ; Quelques Antiquités ;
Tableaux et Gravures ; Manuscrits et Livres rares ;
Monnaies françaises et étrangères ;
Médailles et Jetons

LE TOUT COMPOSANT LE CABINET

DE FEU M. LE COMTE DE CLERMONT

Nota. — *La plupart de ces objets ont fait partie du Musée de la Maison des ducs de Lorraine, vendu vers 1775, et ont été rapportés du château de la Piltière, près Clermont (Sarthe).*

DONT LA VENTE AURA LIEU

Après décès de M le comte de Clermont

HOTEL DROUOT, SALLE No 5

Les Lundi 18, Mardi 19 et Mercredi 20 Avril 1864

A DEUX HEURES

Par le ministère de Me **CHARLES PILLET**, Commissaire-Priseur,
rue de Choiseul, 11,

Assisté, pour les Curiosités, de **M. ROUSSEL**, expert, rue Rochechouart, 48,

Et, pour les Médailles, de **M. ROLLIN**, Expert, rue Vivienne, 12,

Chez lesquels se distribue le présent Catalogue.

EXPOSITION PUBLIQUE

Le Dimanche 17 Avril 1864, de une heure à cinq heures.

CONDITIONS DE LA VENTE

Elle sera faite au comptant.

Les adjudicataires payeront *cinq pour cent* en sus des enchères, applicables aux frais.

———

Nota. Les Monnaies et Médailles seront vendues le Lundi 18 Avril.

Paris. — Imprimerie de Pillet fils aîné, rue des Grands-Augustins, 5.

DÉSIGNATION

DES OBJETS

Émaux de Limoges.

1 — Grand plat ovale à peinture coloriée sur paillons, représentant une Chasse au sanglier; très-belle composition et d'une exécution remarquable. Le bord est
orné d'arabesques fantastiques du plus beau style et
de petits médaillons renfermant des sujets mythologiques. Au revers, un buste de femme, vu de face,
dans un cartouche à enroulements.

Ce beau plat, malheureusement endommagé, est
signé en toutes lettres : *Jehan Limosin.*

2 — Aiguière, forme d'hanap, émail colorié sur paillons,
offrant extérieurement, sur un fond noir semé de
fleurettes en émaux translucides sur paillons, des
figures de femmes dansant en rond et costumées à
l'antique. L'intérieur, décoré d'arabesques tracées en

noir sur fond blanc. porte le monogramme I.-L., mo-
gramme de *Jehan Limosin*. Cette pièce est évidemment
le complément du plat ci-dessus.

3 — Belle coupe sur piédouche à peinture coloriée à émaux
translucides sur paillons; elle représente David portant en triomphe la tête de Goliath. Belle et grande
composition, où le grand nombre de figures formant
le cortége du vainqueur sont représentées en costumes très-riches et variés. La beauté du dessin et le
fini de la peinture ne laissent rien à désirer. Au bas
du sujet on lit la signature de *Suzanne Court*. Le revers, décoré de grisaille, offre des enroulements avec
cariatides et mascarons d'un très-beau style.

Le bord de la coupe est endommagé.

4 — Coffret en cuir gaufré, avec couvercle en toit. Il est orné
de douze plaques à sujets mythologiques peints en
grisaille tintée sur fond bleu. Les deux plaques, de
forme triangulaire, placées aux extrémités du couvercle, offrent l'une le monogramme du Christ, l'autre celui de la Vierge.

5 — Plaque ovale, émail colorié sur paillons, décorée d'arabesques d'une grande élégance, entremêlées d'oi-
seaux, de guirlandes et de trophées diversement coloriés, au milieu desquels est suspendu un cartouche
dans lequel est représenté un sujet mythologique
peint en grisaille teintée.

Ce joli objet peut être attribué à un des Courtois.

6 — Salière à six pans, émail colorié et sur paillons, décorée de figures allégoriques; dans la cavité, un buste
de femme en costume du temps de Henri II. Cette
pièce, très-fine, est malheureusement endommagée.

7 — Autre salière de forme hexagone, à peinture coloriée
sur fond bleu, représentant les travaux d'Hercule;
dessus et dessous, des bustes : homme et femme.

8 — Coupe à six lobes décorée de fleurs; au fond, une grisaille : la Vierge et l'Enfant Jésus.

9 — Couvercle de coupe, décoré sur les deux faces d'arabesques en grisaille et de médaillons renfermant des
bustes peints aussi en grisaille, fond d'émail bleu
translucide sur paillons, particularité assez rare.

10 — Garniture d'un évangéliaire composée de cinq pièces
émaillées en taille d'épargne sur fond doré, style by-
zantin. La pièce du milieu représente le Christ bé-
nissant; les quatre autres, les attributs des évangé-
listes avec leurs noms inscrits dans le champ. Ces
pièces sont d'une conservation remarquable.

Faïences anciennes.

11 — Grand plat ovale à reptiles et coquillages; très-bel émail.
Fabrique de Bernard Palissy.

12 — Moyen plat ovale à cavités de formes variées, alternées par des cornes d'abondance chargées de fruits. Même fabrique.

13 — Autre plat semblable. Même fabrique.

14 — Grande aiguière s'emplissant par le pied ; elle est décorée d'ornements en relief émaillés en vert et en blanc sur fond brun. Le piédouche offre plusieurs fleurs de lis en relief. Fabrique du midi de la France.

15 — Grand plat rond à décor camaïeu bleu. Fabrique de Nevers.

16 — Autre grand plat décoré sur le bord de fleurs en couleurs variées ; au fond, un paysage avec châteaux. Même fabrique.

17 — Trois plats à pans décorés de fleurs émaillées en couleurs. Fabrique de Delft.

18 — Neuf assiettes de même fabrique et du même décor que les plats ci-dessus.

18 *bis* — Une bouteille de chasse bleue décorée de fleurs, et une théière à dessins bleus.

19 — Deux plats en faïence de Delft.

20 — Sucrier à poudre et un petit vase à décor camaïeu bleu de Delft.

21 — Deux vases à couvercle à double fond découpés à jour,
faience émaillée en jaune, de Beauvais.

22 — Deux vases à une anse avec ornements découpés à jour,
l'un émaillé en jaune, l'autre émaillé en brun.

23 — Cruchon en grès gris, à ornements bleus et violets,
garni en étain.

24 — Jolie bouteille à col évasé, grès gris et bleu, à rosaces
saillantes.

25 — Deux cruchons en grès, avec ornements émaillés en
violet et en bleu.

Porcelaines.

26 — Vase à couvercle décoré de fleurs émaillées en couleurs
au naturel. Porcelaine de Chine.

27 — Chope à une anse, en porcelaine de Chine décorée de
fleurs.

28 — Pot à tabac en porcelaine de Chine, à dessins bleus,
garni en cuivre.

29 — Deux petites tortues formant flacon, dont les bouchons

sont formés par des grenouilles, porcelaine de Chine,
et un petit Chinois aussi en porcelaine.

30 — Quatre figurines de magots en terre émaillée de Chine.

Bois sculptés.

31 — Groupe de trois figures en bois peint et doré : **un saint
évêque et deux diacres.** XVIᵉ siècle.

32 — Une râpe à tabac portant un écusson armorié, et une
petite statuette sur piédouche, plus une tête de nègre
en bois d'ébène.

Ivoires sculptés.

33 — Tau en morse formé d'enroulements délicatement sculptés, au milieu desquels sont, d'un côté, deux personnages vêtus à l'antique, et de l'autre deux griffons
ailés. Ouvrage du Xᵉ au XIIᵉ siècle, malheureusement
incomplet.

34 — Un volet de dyptique représentant la crucifixion, XVᵉ
siècle.

35 — Cippe formé de la réunion de plusieurs figures en os

sculpté, provenant d'un coffre de mariage du xive siècle, et un étui en ivoire sculpté.

36 — Trois râpes à tabac ornées de bas-reliefs. Époque Louis XV.

37 — Deux bas-reliefs en ivoire représentant des sujets mythologiques. Cadres en bois doré.

38 — Statuette d'enfant debout, le pied posé sur une tête de mort. Style de François Flamand.

39 — Boîte à échecs en os sculpté décoré de figures et de sujets en partie coloriés. xve siècle.

40 — Chef-d'œuvre de tour en ivoire, et une boîte coloriée en ivoire.

41 — Bonbonnière ornée d'une jolie miniature, portrait de femme. Époque Louis XVI.

Armes et Armures.

42 — Demi-armure du temps d'Henri IV, composée de la cuirasse, des cuissarts, un gantelet et un casque.

43 — Armure cannelée complète du temps de Maximilien, montée sur armature en bois.

44 — Deux casques de différentes formes, dont un à face grimaçante.

45 — Joli petit modèle d'armure du xvie siècle. Travail du temps exécuté avec soin.

46 — Épée avec pommeau et garde ciselés, à figures et ornements découpés à jour, portant sur la lame un timbre aux armes de Castille. Elle a appartenu à Philippe II, roi d'Espagne.

47 — Dague dont la monture est ciselée, pouvant accompagner l'épée ci-dessus décrite.

48 — Masse d'armes à oreillons, du xvie siècle.

49 — Grande épée dont la garde en fer ciselé est découpée à jour; belle lame triangulaire. xvie siècle.

50 — Autre épée; belle garde à enroulement et découpée à jour, en fer plaqué d'argent et gravé; lame plate.

51 — Claymore écossaise, beau modèle.

52 — Epée à deux mains à large lame et garde en fer.

53 — Petite arbalète du xvie siècle, monture en bois avec garniture en fer gravé.

54 — Petite hache de héros d'armes en cuivre doré.

55 — Arquebuse à rouet du xvie siècle; le bois est richement décoré d'incrustations en ivoire avec sujets de chasse, et le canon en fer ciselé et doré. Belle arme et en bon état.

56 — Fourche d'arquebuse accompagnant l'arme précédente.

57 — Pistolet à rouet du xvie siècle; le canon, orné de figures, ciselé et doré, est entièrement couvert de fines arabesques damasquinées en or; la monture en bois, dont le pommeau est formé par une tête d'animal chimérique, est incrustée de pierreries; la batterie, dont la platine est gravée, est en outre ornée, ainsi que la sous-garde, de mascarons et de figures finement ciselées.

58 — Paire de pistolets brunis; monture en bois noir.

59 — Paire de pistolets dont les montures en bois sont incrustées d'ornements en ivoire.

60 — Paire de pistolets à rouet tout unis.

61 — Poire à poudre en corne de cerf sculptée, représentant le Jugement de Salomon; la garniture en fer, richement incrustée d'ornements avec sujets de chasse en argent de rapport, porte des écussons aux armes du duc d'Épernon, grand amiral de France. xvie siècle.

62 — Autre poire à poudre en corne de cerf sculptée, représentant le même sujet, montée en cuivre.

63 — Poire à poudre en corne de cerf sculptée, représentant
la Résurrection, non montée.

64 — Poire à poudre en corne de cerf sculptée, représentant
un cavalier armé à l'antique, tenant un étendard;
sculpture fine, garnie en cuivre.

65 — Poire à poudre en forme de couronne, en bois incrusté
d'ornements en ivoire.

66 — Cartouchière en fer repoussé, ornée de deux cavaliers
et de mascarons en relief. XVIᵉ siècle.

67 — Épée à deux mains, dont le pommeau et la garde sont
incrustés d'ornements en cuivre et en argent gravés;
large lame gravée.

68 — Épée à lame flamboyante, pommeau et garde en fer découpé à jour. XVIᵉ siècle.

69 — Jolie épée espagnole, garde à pannier en fer ciselé et
découpé à jour.

70 — Deux autres épées à gardes et pommeaux en fer ciselé
et découpé à jour. Ce lot sera divisé.

71 — Deux épées, l'une a le pommeau et les extrémités de la
barrette formées par des têtes de fous en fer ciselé,
l'autre, à large lame gravée, est ornée au pommeau
et à chaque extrémité de la barrette par des rosaces
découpées à jour. XVIᵉ siècle.

72 — Forte épée, garde à enroulements, le pommeau repercé
     à jour est orné d'une fleur de lis. XVIᵉ siècle.

73 — Deux petites épées du temps de Louis XV, avec poi-
     gnées en porcelaine de Saxe et montures en cuivre
     doré.

74 — Carabine turque, canon en damas damasquiné d'ara-
     besques en argent, monture en bois incrusté d'orne-
     ments mosaïques en cuivre.

75 — Cric malais à lame flamboyante; la poignée, en bois
     sculpté, figure une idole du pays.

76 — Grand canon de couleuvrine en fer.

77 — Plusieurs éperons en fer doré, dont un aux armes de la
     maison de Dreux.

78 — Une cotte de maille et un bonnet de maille en fer.

79 — Deux couteaux de trousse de veneurs, lames gravées
     et dorées.

80 — Un autre couteau, plus petit, et deux poignards.

81 — Couteau et fourchette de veneur ciselés et gravés, avec
     manches en ébène et ivoire, dans leur gaîne en cuir.

82 — Couteau de chasse à lame gravée et dorée; le manche,
     en fer ciselé et doré, se termine par une figure de

singe jouant de la musette; le fourreau, en cuir repoussé, présente un Amour et deux bustes, homme et femme en relief, et coloriés. Objet rare et curieux. XVIe siècle.

83 — Plusieurs étriers en fer, dont un gravé et doré.

84 — Un mors de bride en fer du XVIe siècle.

85 — Hallebarde en fer gravé et doré, avec incrustations de nacre.

86 — Autre hallebarde en fer gravé et doré.

87 — Plusieurs autres hallebardes et fers de hallebardes seront vendus par lots.

88 — Lance dont le fer est en étoile, hampe en bois.

Orfévrerie.

89 — Petit reliquaire en argent doré, ayant la forme d'un triptyque; le centre est occupé par une figure en relief représentant saint Georges terrassant le dragon; sur le volet de droite est gravé un donjon de château sur lequel sont des personnages couronnés; sur le volet de gauche, une femme à genoux, la tête ceinte d'une couronne et surmontée d'une palme. Ouvrage

du xve siècle et qui est peut-être un insigne du temps de l'Ordre de la Jarretière ou de celui de Saint-Georges; on assure qu'il a été trouvé près de la ville d'Augé, sur le lieu même où le maréchal de La Fayette défit les Anglais en 1421.

90 — Sceau du lord maire de la ville de Londres, en cuivre, portant cette inscription : *Sigile maioratus civitatis Londoni*. Trouvé au même lieu que le précédent.

91 — Beau pot à eau et sa cuvette en argent ciselé, du temps de Louis XIV, d'une belle forme et d'une ornementation riche.

92 — Une bonbonière et un reliquaire en filigrane d'argent, avec peintures sur émail. Époque Louis XV.

92 *bis* — Ciboire en cuivre repoussé et doré, d'une ornementation riche. Époque Louis XIII.

93 — Monstrance en cuivre repoussé et doré; le cylindre en verre est flanqué de deux contreforts élégants ornés de figures et de mascarons; le pied est enrichi de cabochons en cristal de roche. xvie siècle.

94 — Deux gobelets à anses, en étain, dorés et fleurdelisés.

95 — Deux paix en cuivre, du xvie siècle; l'une est gravée du sujet de l'Annonciation, l'autre présente en relief la Crucifixion.

Serrurerie.

96 — Belle serrure en fer ciselé, du xviie siècle. Pièce de
Metrise.

97 - La clef de la ville du Mans, ornements découpés à jour,
aux armes de la ville, en fer doré. Époque de
Henri IV.

98 — Plusieurs serrures gothiques en fer ciselé, provenant
de bahuts, du xvie siècle.

99 — Divers ornemens et clefs en fer, du xvie siècle, seront
vendus par lots.

100 — Plusieurs coffres-forts en fer, les uns unis, les autres
ouvragés, seront vendus par lots.

Objets divers.

100 *bis* — Collier gallo-romain en verre, trouvé dans un tom-
beau.

101 — Montre à répétition; la boîte en cuivre, chargée d'ornements ciselés et découpés à jour. xvie siècle.

102 — Deux petites statuettes antiques en bronze, l'une est
égyptienne, l'autre romaine.

103 — Boîte ovale en cuivre, à dessins champlevés émaillés dans les fonds. Travail italien du xvie siècle. Et
un petit couteau.

104 — Quelques morceaux de tapisserie brodée en fin, provenant d'ornements d'église.

105 — Petite tapisserie de Beauvais, Louis XI et saint François.

106 — Bouteille de chasse en verre blanc, ornée de fleurs de
lis en relief.

107 — Diverses empreintes de sceaux en plomb des papes, et
en cire de Philippe-Auguste, et autres rois de France.

108 — Deux fragments de monuments religieux gothiques
en albâtre, ornés de figures.

109 — Plaque tumulaire en cuivre gravé, avec inscription et
armoirie.

110 — Bas-relief en albâtre de Laguy, représentant la Cène.

111 — Divers modèles en bois pour machines de guerre,
d'une très-bonne exécution et de diverses époques,
seront vendus par lots.

***

112 — Joli petit meuble garni de nombreux tiroirs, en bois
      d'ébène incrusté d'arabesques en ivoire et de ro-
      saces en marqueterie d'ivoire et de métal, ayant ap-
      partenu à *René*, roi de Sicile et de Jérusalem.

TABLEAUX.

113 — Jordaens. — Sainte Famille. Sur cuivre.

114 — Van-Boll. — Éducation de Bacchus. Sur cuivre.

115 — École hollandaise. — Intérieur de cuisine.

116 —   »   — Intérieur de cabaret. Deux pen-
      dants.

117 — Schallen. — Sainte Famille. Sur cuivre.

118 — École de Janet. — Portrait de François Ier.

119 —   »   — Portrait de Charles IX.

120 —   »   — Portrait d'Élisabeth d'Autriche.

121 — École de Janet. — Portrait de Henri II.

122 —   »   — Portrait du duc d'Alençon.

123 —   »   — Portrait de Henri IV.

124 — Inconnu. — David expliquant le Songe de Nabucho-
        donosor.

125 — Leclerc-des-Gobelins. — Sujet allégorique.

126 — Bourguignon. — Bataille de Raab. Défaite des Turcs
        par François d'Aubusson, vicomte de la Feuillade.

127 — Bourguignon. — Chocs de cavalerie. Deux pendants.

128 — Inconnu. — Le Christ en croix. Sur bois.

129 —   »   — Portrait de femme. Sur cuivre.

130 — École de Boucher. — Bacchantes endormies surprises
        par des satyres.

131 — Style de Vernet. — Marine ; effet d'orage. Sur bois.

132 — Inconnu. Deux paysages en pendant.

133 — Inconnu. — Portrait de femme. Sur cuivre.

134 —   »   —. Tête d'enfant.

135 — Teniers. — Femme assise. Cuivre.

136 — Michau. — Marché aux poissons.

137 — Bertin. — Paysage.

138 — Haguemann. — Intérieur de ferme.

139 — École espagnole. — Christ en croix.

GRAVURES.

140 — Deux volumes de costumes du temps de la République, du Consulat et de l'Empire.

141 — Trois gravures encadrées avec texte : l'Entrée de Henri IV à Paris, en 1594; Henri IV se rendant à l'église Notre-Dame; Henri IV, placé à une fenêtre de la porte Saint-Denis, voit sortir la garnison espagnole et napolitaine. Gravées par Jean Leclère.

142 — Henri IV à cheval, par J. Leclère. Deux pièces différentes.

143 — Bohémiens en voyage, par Callot. Deux pièces.

144 — Henri II à mi-corps, cuirassé, et le portrait de Charles-
Henri, comte d'Estaing.

145 — Deux dessins au crayon de deux couleurs, et un
portrait, dessin à la plume.

MANUSCRITS

1 — Historia belli sacri à principibus christianis, in Palestina et in Oriente gesti.

In-folio du xiiie siècle, miniature à fond d'or et rubriques en tête des chapitres.

Cet ouvrage a été composé par Guillaume de Tyr, au xiie siècle. Ancienne reliure gaufrée, à clous.

2 — Généalogie de la maison de Dreux.

Manuscrit de la fin du xve siècle, orné d'armoiries enluminées ; in-folio.

3 — Règlements et Statuts de l'ordre de Saint-Michel, institué par Louis XI.

In-8° manuscrit du temps, aux armes de France et d'un prélat pour lequel il a été fait en 1469. Petit volume précieux.

4 — Heures manuscrites.

In-8° du temps de François Ier ; encadrements à arabesques en grisaille et initiates sur fond or.

5 — Heures également manuscrites.

In-8° du xvᵉ siècle, enrichi de bordures et de 13 miniatures.

6 — Synodes nationaux.

Trois cahiers, contenant des chartes et signatures de rois.

7 — Vingt-huit Cahiers contenant des chartes ou
signatures de rois.

IMPRIMÉS

---

8 — Le Résolu en mariage.

In-8° sur vélin, orné de planches enluminées, imprimé pour
Antoine Vérard ; sans date. Livre rare et curieux, en vers.

9 — Les Chroniques de Jean Froissart.

Trois tomes en 2 vol. in-folio, imprimées par Guillaume Eus-
tace, l'an 1513 ; gothiques. Manque le titre du tome Ier.

10 — Enguerrant de Monstrelet, chroniques.

Trois tomes en 2 vol. in-folio gothiques, imprimées par François Regnault. 1518. Manque le titre du tome II.

11 — Les Prouesses et Vaillances du preux et vail-
lant chevalier Bertrand du Guesclin.

In-12 gothique, par Michel le Noir. 1521. Planches en bois.
Rare.

12 — Histoire de Valentin et Orson.

Roman de chevalerie ; édition posthume de Troyes. Figures.

13 — Histoire de Huon de Bordeaux, des quatre fils Aymons et le Calendrier des Bergers.

En un volume, figures en bois. Édit. populaires de Troyes.

14 — Aresta amorum.

In-4°. Lyon, 1538. Livre curieux.

15 — Discours du songe de Poliphile.

In-folio, Paris, 1561, planches en bois ; celle de l'offrande à Priape s'y trouve. Elles ont été malheureusement coloriées maladroitement à une époque plus récente.

16 — Album contenant la petite passion d'Albert Durer et quelques autres gravures.

In-12.

17 — Flavius Vegetius, de re militari.

In-8°, 1533.

18 — Le Roman de la Rose.

In-4° gothique, imprimé à Paris pour Jean Ponce, sans date, planches en bois coloriées. Rare.

19 — Les anciennes et modernes Généalogies des rois de France.

Imprimées à Poitiers par Jacques Bouchet. 1527, petit in-4º, figures. Incomplet à la fin.

20 — Chroniques des ducs de Brabant.

Anvers, 1603, petit in-folio, gravures sur cuivre.

21 — Summaire ou Epitome du livre de Asse.

Par Guillaume Bude. In-12, gothique. Paris, 1827. Monnaies et mesures des Grecs et des Romains.

22 — Bigarrures et Touches du seigneur des Accords.

In-18 du xvie siècle. Manque le titre. Livre curieux et rare.

23 — Mémoires de Sully.

Trois volumes in-folio. Paris, 1964.

24 — Histoire généalogique de la maison de France.

Par Louis de Sainte-Marthe. Paris, 1647, in-folio. 2 tomes.

25 — Alliances généalogiques.

Lyon, 1561, planches d'armoiries; 1 vol. in-folio. Manque le titre.

26 — Annalles d'Anjou.

Par Jean de Bourdigne. In-folio gothique, fig. Paris, Antoine Couteau, 1529.

27 — Histoire du Berry.

In-folio, 1564; planches d'armoiries et vue de la ville de Bourges à cette époque. Manque le titre.

28 — Les Portraits des hommes illustres de la province du Maine.

Au Mans, 1628, in4°.

29 — Description de tout le Pays-Bas ou Germanie inférieure.

Par Lodovico Guicciardini. Anvers, 1567, gravures. Petit in-folio.

30 — L'Histoire de Bretaigne, des rois, ducs et comtes d'icelle.

Par messire Bertrand d'Argentre. Paris, 1588, in-folio.

31 — Biblia, etc.

Lugduni, 1539, in-folio gothique, fig.

32 — Bible allemande.

In-4º, 1560.

33 — Vita domini nostri Jesu Christi.

Per R. P. Bartholomeum Biccium, Societatis Jesu. Romæ, 1607, fig. sur cuivre.

34 — Processionale cenomanense.

Plain-chant en rubriques. Pont de Gennes, 1737, in-8º.

35 — La Vie de monseigneur Saint-Bernard, premier abbé de Clairvaulx.

Imprimé par Jean Lecoq, à Troyes. In-8º gothique, fig., sans date.

36 — De humana physiognomonia, Joannis Baptistæ Portœ Neapolitani.

Francofurti, 1618, in-12, figures.

37 — Aimomi monachi, qui antea annonii nomine editus est, historiæ Francorum lib. V.

Parisiis, 1567, in-12.

38 — Francisci Petrarhæ de remedüs utriùsque
fortunæ.

Editio quinta, 1613, in-18.

39 — Clément Marot.

Poésies. In-18, figures. Le titre manque.

40 — Bandel, le troisième tome des Histoires tra-
giques.

Paris, 1568, in-18.

41 — Les Marguerites de la Marguerite des Prin-
cesses, très-illustre royne de Navarre.

Paris, 1654, in-18. Poésies singulières.

42 — Porta, magia naturalis libri viginti.
1644, in-18.

43 — Seize volumes in-18, classiques latins, tels
que : Horace, Ovide, Suétone, Laërce,
Lucain, etc.

44 — Traité des monnoies des barons, ou représentation et explication de toutes les monnoies d'or, d'argent, de billon et de cuivre, qu'ont fait frapper les possesseurs de grands fiefs : pairs, évêques, abbés, chapitres, villes de France.

Par Tobiésen Duby. Paris, 1790, 3 vol. in-folio, planches.

45 — Historia summorum Pontificum.

Per eorum numismata. Lutetiæ, 1678, in-folio, planches.

46 — Histoire de Guillaume III, roi d'Angleterre, par médailles, inscriptions, arcs de triomphe, etc.

Amsterdam, 1692, in-folio, fig

47 — Recueil général des pièces obsidionales et de nécessité.

Par Tebiésen Duby. Paris, 1786, in-folio, fig.

48 — Histoire du roi Louis-le-Grand, par les médailles, emblèmes, jettons, etc.

Paris, 1691, in-folio, fig.

49 — Discours de la religion des anciens Romains, illustré de médailles.

Lyon, 1567, in-4°, fig.

50 — Mémoire sur trois points intéressants de l'histoire monétaire des Pays-Bas.

Bruxelles, 1787, in-8°, fig.

51 — Numismatique du moyen-âge, considérée sous le rapport du type.

Par Joachim Lelewel. Paris, 1335, 2 vol. in-4° oblong, avec planches.

52 — Traité historique des monnoyes de France, avec leurs figures.

Par Le Blanc. Amsterdam, 1672, in-4°, fig.

53 — Promptuaire des médailles.

Lyon, 1577, in-4°, fig.

54 — Histoire métallique de la république de Hollande.

Par Bizot. Amsterdam, 1688, 3 vol. in-8°, fig.

55 — Dissertatio de præstantia et usu numismatum antiquorum.

Amsterdam, 1671, in-4°, fig. Manque le tome Ier.

56 — Traité des monnoyes.

Par Boizard. Paris, 1771, 2 vol. in-12, fig.

57 — Historia numismatum.

Amstelodami, 1683, in-18.

58 — Ordonnances du roy pour le règlement général de ses monnoies.

Paris, 1572, petit in-12, fig.

59 — Recueil d'assignats.

FRANÇAISES ROYALES

Carlovingiennes.

CHARLEMAGNE.

1 — *Angers.* CAROL. en monogramme. ℞. ANDE. en monogramme.
Beau denier.   1 p.

2 — *Melle?* CAROLVS. en deux lignes. ℞. MELOIS.? en légende cir-
culaire. Denier.   3 p.

3 — *Melle.* CAROLVS. En deux lignes. ℞. MEDOLS. en légende circu-
laire. Denier.   1 p.

4 — *Melle.* Pièce posthume. CARLVS. REX. Croix. ℞. METVLLO. Monogr. par K. Denier.   5 p.

5 — *Melle.* METVLLO. Croix. ℞. Grand monogr. par K. Obole. 3 p.

6 — *Milan.* CARL. REX. FR. Croix. ℞. MEDIOL. Mongr. par C. Denier.   1 p.

LOUIS Ier LE DÉBONNAIRE.

7 — *Dorestadt.* HLVDOVVICVS. IMP. Croix avec deux annelets. ℞. DO-
RESTATVS en trois lignes; dans le champ, un croissant et un
point. Denier.   1 p.

8 — *Melle.* HLVDOVVICVS. IMP. Croix. ℞. METALLVM. en lég. circu-
laire. Croix. Denier.   1 p.

9 — *Melle*. ʜʟᴠᴅᴏᴠᴠɪᴄᴠꜱ. Croix. ℞. Même type. Obole.   1 p.

10 — *Melle*. ʜʟᴠᴅᴏᴠᴠɪᴄᴠꜱ. ɪᴍᴘ. Croix. ℞. ᴍᴇᴛᴀʟʟᴠᴍ. en deux lignes.
     Denier.   1 p.

11 — *Melle*. ʟᴠᴅᴏᴠᴠɪᴄ. en deux lignes. ℞. ᴍᴇᴛᴀʟʟᴠᴍ. Croix. De-
     nier.   1 p.

12 — *Reims*. ʜʟᴠᴅᴏᴠᴠɪᴄᴠꜱ. ɪᴍᴘ. Croix. ℞. ʀᴇᴍɪꜱ. ᴄɪᴠɪꜱ. en deux li-
     gnes. Denier.   1 p.

13 — *Tours*. Même type. ℞. ᴛᴠʀᴏɴᴇꜱ. en deux lignes. Denier. 1 p.

14 — *Verdun*. Même type. ℞. ᴠɪʀɪᴅᴠɴᴠᴍ. en deux lignes. Den. 1 p.

15 — *Venise*. Même type. ℞. ᴠᴇɴᴇᴄɪᴀꜱ. en deux lignes. Denier. 1 p.

LOTHAIRE 1, ᴇᴍᴘᴇʀᴇᴜʀ.

16 — *Pavie*. ʜʟᴏᴛʜᴀʀɪᴠꜱ. ɪᴍᴘ. ᴀᴠ. Croix. ℞. ᴘᴀᴘɪᴀ. Denier.   1 p.

17 — *Milan*. Même type. ℞. ᴍᴇᴅɪᴏʟ. Denier.   1 p.

18 — ʜʟᴏᴛᴀʀɪᴠꜱ. ɪᴍᴘᴇʀᴀᴛᴏ. Croix cantonnée de quatre points. ℞.
      xᴘɪꜱᴛɪᴀɴᴀ. ʀᴇʟɪɢɪᴏ. Temple. Obole.   1 p.

PÉPIN 1 D'AQUITAINE.

19 — ᴘɪᴘɪɴᴠꜱ. ʀᴇx. ᴇǫ. Croix. cantonnée de quatre points. ℞. xᴘɪꜱ-
     ᴛɪᴀɴᴀ. ʀᴇʟɪɢɪᴏ. Temple. Denier.   1 p.

CHARLES II, LE CHAUVE.

20 — *Amiens*. ɢʀᴀᴄɪᴀ. ᴅɪɪ. ʀᴇx. Monogr. ᴀᴍʙɪᴀɴɪꜱ. ᴄɪᴠɪ. Croix. De-
     nier.   1 p.

21 — *Angers*. Même type. ℞. ᴀɴᴅᴇɢᴀᴠɪꜱ, ᴄɪᴠɪᴛᴀꜱ. Croix. Denier. 1 p.

22 — *Arras*. Même type. ℞. ᴀᴛʀᴇʙᴀᴛɪꜱ, ᴄɪᴠɪᴛᴀꜱ. Croix. Pièce un peu
     ébréchée. Denier.   1 p.

23 — *Avalon*. Même type. R̸ CASTIS. AVALONS. Croix. Denier.   1 p.

24 — *Beauvais*. CAROLVS. REX. FRAN. Croix. R̸. BELLEVACVS. CIVI. Monogr. Denier (plusieurs pièces fracturées).   5 p.

25 — *Blois*. GRACIA. DII. REX. Monogr. R̸. BLESIANIS. CASTRO. Croix.
Denier.   1 p.

26 — *Bourges*. CARLVS. REX. FR. Croix ornée ou cantonnée de quatre
croissants. R̸. BITVRICAS. Monogr. Denier.   1 p.

27 — *Châlons-sur-Marne*. GRATIA. DII. Monogr. R̸. CA.....NIS. CIVI.
Croix. (Pièce rognée.) Denier.   1 p.

28 — *Courtsessin*. GRACIA. DII. REX. Monogr. R̸. CVRTISASONIEN. Croix.
Denier.   1 p.

29 — *Gand*. Même type. R̸. GANDA. ...MO. (Pièce ébréchée.) Denier.   1 p.

30 — *Laon*. Même type. R̸. LVGDVNI. CLAVATI. Croix. (Pièce rognée.)
Denier.   1 p.

31 — *Le Mans*. Même type. R̸. CINOMANIS. CIVI. Denier et obole. 2 p.

32 — *Meaux*. Même type. MELDIS. CIVITAS. Croix. (Pièce rognée.)
Denier.   1 p.

33 — *Orléans*. Même type. R̸. AVRELIANIS. Croix. Denier.   2 p.

34 — *Paris*. Même type. R̸. PARISII. CIVITAS. Croix. Denier.   2 p.

35 — *Le Palais*. Même type. R̸. PALATINA. MONE. Croix. Denier. 4 p.

36 — *Quentovic*. Même type. R̸. QVENTOVICCI. Croix. (3 pièces ro-
gnées.) Denier.   4 p.

37 — *Quentovic*. Obole au même type.   1 p.

38 — *Reims*. Même type. R̸. REMIS. CIVITAS. Croix. Denier.   1 p.

39 — *Rouci*. Même type. R̸. RAVCIO. PALATI. Croix. Denier.   1 p.

40 — *Rouen*. Même type. ℞. ROTVMACVS. CIVI. Croix. Denier.   1 p.

41 — *Saint-Quentin*. Même type. ℞. SCI. QVE.....MO. Croix. (Pièce rognée.) Denier.   2 p.

42 — *Saint-Denis*. Même type. ℞. SCI. DIONYSII. MO. Croix. Denier.   4 p.

43 — *Soissons*. Même type. ℞. SVESSIO. CIVI. Croix. (Il manque un tiers de la pièce.) Denier.   1 p.

44 — *Rieux*. Même type. ℞. RVLLO. CIVITAS. Croix. (Pièce ébréchée.) Denier.   1 p.

45 — *Tours*. Même type, ℞. TVRONES. CIVITAS. Croix. Denier.   1 p.

46 — *Valenciennes*. Même type. ℞. VALENC.. .. Croix. (Il manque un tiers de la pièce.) Obole.   1 p.

47 — Ville incertaine. Même type. ℞. VNIE..... CIVITAS. Croix. Denier.   1 p.

CHARLES D'AQUITAINE?

48 — CARLVS. REX. Croix. ℞. AQVITANIA. en deux lignes. Obole. 1 p.

LOUIS II, ROI D'ITALIE.

49 — HLVDOVVICVS. IMP. Croix cantonnée de quatre points. ℞. XRISTIANA. RELIGIO. Temple. Denier.   7 p.

CARLOMAN.

50 — *Troyes*. ICARLEMANS. REI. Mongr. par K. ℞. TRECAS. CIVITS. Croix. (Pièce rognée.) Denier.   1 p.

51 — *Arles*. CARLEMANVS. REX. Croix. ℞. ARELA. CIVIS. Monogramme par C. Denier.   1 p.

LOUIS III.

52 — *Tours.* MISERICORDIA. DII. REX.; dans le champ, LVDOVICVS. en monogr. ℞. TVRONES. CIVITAS. Croix. Denier.   1 p.

CHARLES, ROI DE PROVENCE?

53 — CARLVS. IMPERAT. Croix. ℞. ARELA. CIVIS. Monogr. par C. Denier.   2 p.

54 — *Verdun.* GRACIA. DII REX. Monogr. par C. ℞. VIRIDVNI. CIVI. Croix cantonnée de quatre points. Denier.   1 p.

EUDES.

55 — *Angers.* GRATIA. DII. REX.; dans le champ, ODO. ℞. ANDECAVIS. CIVITAS. Croix Denier.   1 p.

56 — *Limoges.* Même type. ℞. LIMOVICAS. CIVI. Croix. Denier.   1 p.

57 — *Paris.* Même type. ℞. PARISII. CIVITAS. Croix. Denier.   1 p.

58 — *Reims.* Même type. ℞. REMIS. CIVITAS. Croix. (Pièce rognée.) Denier.   1 p.

59 — *Saint-Deuis.* Même type. ℞. SCI. DIONYSII. CIVITAS. (Également rognée.) Denier.   1 p.

CHARLES LE SIMPLE.

60 — *Melle.* CARLVS. REX. Croix. ℞. METALV. en deux lignes. Denier et obole.   4 p.

61 — *Verdun.* CAROLVS.; dans le champ, REX. ℞. VIRDVNI. CIVITVS. Croix. Denier.   1 p.

62 — *Dionant?* GRATIA. DEI. REX. Monogr. par C. ℞. N. VICO. DEONTNIT. Croix cantonnée d'un point. Denier.   1 p.

63 — *Incertaine.* Même type. ℞. imios..... Croix. (Fragment de
de pièce. ' enier. 1 p.

64 — *Sens.* TEMPVS. CARLVS. REX. Croix cantonnée de quatre points.
℞. SENONES. CIVITAS. Temple. Denier. 1 p.

ROBERT ou RAOUL.

65 — *Paris.* GRATIA. D.....; dans le champ, EOR. ℞. .ARIS. CIVIT...
en deux lignes. (Pièce fruste.) Denier. 1 p.

66 — *Le Palais.* GRACIA. DII. REX.; dans le champ, ROE. R. ℞. PALA-
TINA. MONET. Croix. Denier. 1 p.

LOUIS IV D'OUTRE-MER.

67 — *Toul.* LV....CVS. REX. Croix cantonné de 4 points. ℞. TVLLO. en
une ligne. (Moitié de la pièce.) Denier. 1 p.

LOTHAIRE, ROI.

68 — *Bourges.* IOTERIVS. REX. Croix. ℞. BITVRIGES. CIVITAS. Temple.
Denier. 1 p.

Capétiennes.

HUGUES CAPET?

69 — GRATIA. DII. REX Monogr. martelé peut-être de Hugues Capet.
℞. PARISI. CIVITAS. en deux lignes. (Fruste) Denier. 1 p.

LOUIS VI.

70 — Orléans, Étampes, Pontoise, Paris, Bourges. Deniers. 5 p.

LOUIS VII.

71 — Paris. Denier.

    2 p.

PHILIPPE II.

72 — Laon, Montreuil, Paris, Saint-Martin de Tours.

    4 p.

LOUIS IX.

73 — Gros, 5 p. Deniers tournois, 6 p.

    11 p.

PHILIPPE III.

74 — *Masse ou Chaise d'or*. PHILIPP. DEI. GRA. FRANCORVM. REX. Le roi assis sur un siége ; dans le champ, deux lis. R̸. XPS., etc., croix feuillue cantonnée de quatre lis. OR.

    1 p.

PHILIPPE IV.

75 — *Masse ou Royal dur*. PHILIPPVS. DEI. GRA. FRANCORVM. REX. Le roi assis de face, sur un trône sans bras. R̸. XPS., etc. Croix cantonnée de 4 lis dans un cercle à quatre libes. OR. 1 p.

76 — Gros tournois, 6 p. Demi-gros, denier et obole.

    8 p.

CHARLES IV.

77 — Demi-gros et denier parisis.

    2 p.

PHILIPPE VI.

78 — *Écu d'or*. PHILIPPVS., etc. Le roi debout, sur un trône gothique, tenant l'écu de France. OR.

    1 p.

79 — *Ange*. PHILIPPVS., etc. Ange debout sous le chapiteau d'un portique, etc. OR.

    1 p.

80 — *Pavillon*. PHILIPPVS., etc. Le roi assis sous un pavillon, etc.
OR.   1 p.

81 — *Chaise*. PHILIPPVS., etc. Le roi assis sur un fauteuil gothique, etc. OR.   1 p.

82 — Gros, demi-gros, deniers, etc.   7 p.

JEAN II.

83 — *Royal*. IOHES, etc. Le roi debout sous un portail, etc. OR. 1 p.

84 — *Mouton*. AGN., etc. Mouton, à gauche; dessous, IOH. REX.
OR.   1 p.

85 — *Franc à cheval*. IOHANNES., etc. Le roi à cheval courant, à g.
OR.   2 p.

86 — *Écu d'or*. IOHANNES., etc. Type du n° 78. OR.   1 p.

87 — Gros d'argent, 2 p. Poillevillain à la couronne, 2 p. Gros
blanc aux lys, 2 p. Gros blanc à la couronne, 1 p. Gros
blanc à la fleur de lis, 2 p. Denier parisis, etc.. 5 p.   11 p.

87 *bis*. — Piéfort du Poillevillain à la couronne et du double tournois.   2 p.

CHARLES V.

88 — *Florin*. KROL. DPHS. V. Gros lis. ℞. S. IOHANNES. B. Saint Jean.
OR.   1 p.

89 — *Franc à pied*. KAROLVS., etc. Le roi debout sous un portail, etc. OR.   1 p.

90 — *Franc à cheval*. KAROLVS., etc. Type du n° 85. OR.   1 p.

91 — Gros tournois, 2 p. Blanc dit de donne, 2 p.   4 p.

CHARLES VI.

92 — *Royal.* KAROLVS., etc. Le roi debout de face; dans le champ, 10 lis. OR. 1 p.

93 — *Écu.* KAROLVS., etc. Écu couronné, etc. OR. 1 p.

94 — Grand blanc dit Guénar. 4 p.

ISABEAU DE BAVIÈRE ET LE DAUPHIN.

95 — *Gros royal* dit *Florette*, 10 p. Double parisis, 4 p. 14 p.

HENRI V D'ANGLETERRE.

96 — *Florette.* HENRICVS., etc. Trois lis sous une couronne, etc. 1 p.

HENRI VI.

97 — *Salut.* HENRICVS., etc. Les écussous de France et d'Angleterre, etc. OR. 2 p.

98 — *Grand blanc aux Écus.* Les écussons de France et d'Angleterre, etc. 4 p.

CHARLES VII.

99 — *Écu d'or.* KAROLVS., etc. L'écu de France, accosté de deux lis. OR. 1 p.

100 — *Royal.* KAROLVS., etc. Type du n° 92. La figure plus jeune. OR. 1 p.

101 — *Aignel.* AGN., etc. Mouton, à g.; dessous, XL. ɥX. (Sur une des pièces on a effacé une partie du K. pour en faire un L. Ludovicus.) OR. 2 p.

102 — Grand blanc dit Dentillé. 1 p. Grand blanc dit Gens d'armes,

1 p. Demi-blanc, 1 p. Grand blanc à la molette, 1 p. Demi-
blanc à la molette, 1 p. Double tournois, 8 p.   13 p.

103 — *Écu d'or.* LVDOVICVS., etc. Ecu accosté de deux lis, etc.
OR.   1 p.

104 — Grands blancs, demi-tournois et hardis.   9 p.

105 — LVDOVICVS. FRA. REX. Dans le champ, FRAN. sous une couronne. ℞. PARISIVS. CIVIS. FRAN. M. Croix fleurdelisée.
(Très-bel essai d'argent.)   1 p.

CHARLES VIII.

106 — *Écu au soleil.* KAROLVS., etc. Écu couronné. OR.   1 p.

107 — *Demi-écu.* Même type. OR.   1 p.

108 — Karolu de France et de Bretagne, 2 p. Blanc à la couronne
de France et de Bretagne, 2 p.   4 p.

LOUIS XII.

109 — *Écu au soleil.* LVDOVICVS., etc. Écu couronné, etc. OR.   1 p.

110 — *Écu de Bretagne.* Même type. L'écu accosté de deux mouche-
tures. OR.   1 p.

111 — *Écu au porc-épic.* Même type. L'écu accosté de deux porcs-
épics. OR.   1 p.

112 — Douzain avec L. XII. *Id.* du Dauphiné. *Id.* de Bretagne. 3 p.

113 — *Écu du Dauphiné.* FRANCISCVS., etc. Champ écartelé de France
et du Dauphiné. OR.   1 p.

114 — *Écu au soleil.* FRANCISCVS., etc. Écu couronné, etc. OR.   1 p.
115 — *Écu à la croisette.* Même type. OR.   1 p.

116 — *Testons* de France, du Dauphiné et de la Bretagne, 5 p.
Demi-testons de France, 3 p. 8 p.

117 — *Blancs* à la couronne, à la croisette, du Dauphiné, de Breta-
tagne, 10 p. Liards à l'ғ., 2 p. 12 p.

HENRI II.

118 — *Testons et demi-testons* au marteau et au balancier. 6 p.

119 — *Teston.* ᴴᴱɴʀɪᴄᵛꜱ. ɪɪ. ᴅ. ɢ. ꜰʀᴀɴᴄᴏʀ. ʀᴇx. Buste lauré, à dr. ℞.
ᴅᴀᴍ. ᴛᴏᴛᵛᴍ. ᴄᴏᴍᴘʟᴇᴀᴛ. ᴏʀʙᴇᴍ. Croissant couronné; des-
sous, ᴀ. (Médiocre conservation.) 1 p

CHARLES IX.

120 — *Écu au soleil.* ᴄᴀʀᴏʟᵛꜱ., etc. Écu couronné, etc. OR. 1 p.

121 — *Demi-écu au soleil.* Même type. OR. 1 p.

122 — *Testons et demi-testons*, 6 p. Blancs, 3 p. 9 p.

HENRI III.

123 — *Écu au soleil.* ᴴᴱɴʀɪᴄᵛꜱ., etc, Écu couronné. OR. 1 p.

124 — Teston, 1 p. Franc, 2 p. Demi-franc, 2 p. Quart de franc,
2 p. Quart d'écu, 3 p. Huitième d'écu, 1 p. 11 p.

125 — Gros de Nesle. Douzain de France, 4 p. Douzain du Dauphiné, 1 p. Piéfort fruste du gros de Nesle, 1 p. 9 p.

CHARLES X.

126 — *Écu au soleil.* ᴄᴀʀᴏʟᵛꜱ. x., etc. Écu couronné, etc. OR. 1 p.

127 — Quart d'écu, 5 p. Huitième d'écu, 1 p. 6 p.

HENRI IV.

128 — *Écu au soleil.* HENRICVS IIII., etc. Écu couronné, etc. OR. 1 p.

129 — *Franc d'essai.* HENRICVS., etc. Buste lauré et cuirassé. R'.
SIT., etc. Croix fleuronnée avec H. en cœur. Tranche cannelée. ÆR. (Bonne conservation.)   1 p.

130 — Demi-franc et quart de franc courants frappés au marteau.   2 p.

131 — Quart d'écu et huitième d'écu de France, Béarn et Navarre.   5 p.

132 — Douzain, denier tournois, piéfort du denier tournois.   3 p.

LOUIS XIII.

133 — *Écu au soleil.* LVDOVICVS. XIII., etc. Écu couronné. OR   1 p.

134 — Demi-franc, 3 p. Quart d'écu de France et Béarn, 2 p. LV-
DOVICVS. XIII., etc. Tête laurée, à dr.   5 p.

135 — *Louis.* LVDOVICVS. XIII., etc. Tête laurée, à dr. R'. CHRIS-
TVS, etc. 8 L. couronés. OR.   . 1 p.

136 — *Demi-Louis.* Même type. OR.   1 p.

137 — *Écu blanc,* 1 p. Demi-écu, 1 p. Quart d'écu, 2 p. Douzième
d'écu, 3 p.   7 p.

138 — *Quart de douzain.* (Essai d'argent.) LVDOVICVS., etc. Écusson
couronné accosté de deux L. R'. SIT., etc. Croix cantonnée de deux lis et deux couronnes.   1 p.

139 — Piéfort du double tournois, 1 p. Denier pour épouser,
4 p.   5 p.

LOUIS XIV.

140 — *Écu au soleil.* LVDOVICVS. XIIII., etc. Écu couronné. OR.   1 p.

141 — *Demi-louis*, au buste poupard et aux 8 L. OR.   1 p.

142 — *Louis* de 1691, à l'écu carré. OR.   1 p.

143 — *Louis* de 1713, aux 8 L., un soleil au milieu. OR.   1 p.

144 — *Louis* de 1704, sceptre et main de justice. OR.   1 p.

145 — *Demi-louis*. Même type.   1 p.

146 — *Fleur de lis*. L'écusson de France soutenu par deux anges. OR.   1 p.

147 — Ecu au buste poupard ; demi-écu, id.; quart d'écu, id.; vingt-quatrième d'écu, id.   4 p.

148 — Demi-louis d'argent de 1662; écu de Bearn de 1664.   2 p.

149 — Ecu blanc dit aux palmes, 1 p.; demi-écu, id., 1 p.   2 p.

150 — Demi-écu d'argent aux insignes; douzième d'écu, id.   2 p.

151 — Demi-écu d'argent aux 8 L.; quart d'écu, id.; douzième d'écu, id.   3 p.

152 — Ecu aux trois couronnes; demi-écu, id.; quart d'écu, id.; dixième d'écu, id.   5 p.

153 — Ecu dit carambole, à l'écusson carré ; quart d'écu, id., 1 p.; huitième d'écu, id., 1 p.   3 p.

154 — Piéfort en cuivre du double louis au buste poup. (fruste). 1 p,

LOUIS XV.

155 — *Double-louis*, au buste enfantin avec écusson rond, sceptre et main de justice. OR.   1 p.

156 — *Louis de Noailles*, buste enfantin avec couronne fermée. OR.   1 p.

157 — *Louis dit de Malte*, buste jeune lauré. OR.   1 p.

158 — *Louis* (dit mirliton de Dubois), 2 L couronnées. OR.   1 p.

159 — *Demi-louis* de 1723, 2 L adossées et couronnées. OR.   1 p.

160 — *Louis* au buste juvénile. Ecusson rond, couronné. OR.   1 p.

161 — *Demi-louis*, même type. OR.   1 p.

162 — *Double louis au bandeau*, même type. OR.   1 p.

163 — Deux louis faux au buste juvénile.   2 p.

164 — *Écu dit Vertugadin*. Buste enfantin. R̸. Ecusson rond couronné. Demi écu, 2 p.; quart, 1 p.; dixième, 1 p.   4 p.

165 — *Écu de* 1715. LVD XV D. G. FR ET NAV REX. Buste enfantin à dr., cuirasse et draperie. R̸. SIT., etc. Trois lis et trois couronnes (belle pièce).   1 p.

166 — *Écu dit de Navarre*, 1 p.; quart d'écu, 1 p.; sixième, 1 p.; douzième, 2 p.   5 p.

167 — *Écu dit de France* de 1720, tiers d'écu, 3 p.; sixième, 1 p.; douzième, 1 p.   5 p.

168 — *Écu du louis d'argent* de 1724, 2 p.; huitième d'écu, 1 p. 3 p.

169 — *Livre d'argent* de 1719. Petit louis d'argent de 1720. Cinquième et dixième d'écu aux lauriers.   2 p.

170 — Demi écu au bandeau, 1 p.; 24 sols, 1 p.; 12 sols, 1 p.; 6 sols, 2 p.   5 p.

171 — Double sol de billon, 3 p.; sol, 2 p.; sol de cuivre, 2 p.; 12 sols, Ile du Vent, sol des colonies.   9 p.

LOUIS XVI.

172 — *Louis* aux deux écussons ronds, 1782.   1 p.

173 — *Louis* dit aux palmes, 1774.   1 p.

174 — *Écu de 6 livres*. Ecusson rond aux palmes, 2 p.; demi écu,
     1 p.; 24 sols, 2 p.; 12 sols, 3 p.; 6 sols, 1 p.   9 p.

175 — Écu de 6 livres dit constitutionnel, 1 p.; demi écu, 1 p.;
     30 sous, 1 p.; 15 sous, 2 p.   5 p.

176 — Double sol, sol, et une pièce de 24 livres (fausse).   9 p.

RÉPUBLIQUE.

177 — 24 *livres*, au Génie, 1793. OR.   1 p.

178 — *Écu de 6 livres*, au Génie, 1793.   1 p.

179 — Monnerons, caisse de bonne foi, etc.   11 p.

180 — Doubles sols républicains, sols, centimes.   8 p.

181 — 5 francs de la Gaule subalpine, an x.   1 p.

BONAPARTE, PREMIER CONSUL.

182 — 2 francs, 1 p.; 1 franc, 1 p.; demi franc, 1 p.

NAPOLÉON, EMPEREUR.

183 — Demi franc, 1 p.; quart franc, 1 p.; 15 soldi, 1 p.; 10 soldi,
     1 p.; 5 soldi, 2 p.

184 — Anvers. Strasbourg.   2 p.

MARIE-LOUISE.

185 — 40 lires, 1 p.; une lire, 1 p.; 10 soldi, 1 p.; 5 soldi, 1 p.   4 p.

JOSEPH ET LOUIS-NAPOLÉON.

186 — 50 stuivers, 1 p.; 4 réaux, 1 p.   2 p.

MURAT.

187 — 20 lires, 1 p.; 5 lires, 1 p.; lire, 3 p.   3 p.

ÉLISA BONAPARTE ET FELIX BACCIOCHI.

188 — 5 franchi, 1 p.; 1 franco, 1 p.   2 p.

Monnaies seigneuriales.

189 — *Tours*, abbaye de Saint-Martin, 4 p.; *Le Mans*, Herbert, 4 p.;
    Charles de Valois, 1 p.   9 p.

190 — Piéfort de Herbert II, du Mans.   1 p.

191 — *Anjou*, Foulques, Charles.   6 p.

192 — *Chartres*, denier et obole, 4 p.; *Gien*, 1 p.; Châteauroux, 2 p.
    Sancerre, 1 p.   8 p.

193 — *Celles*. Robert de Courtenai. ROBERT DE MAV. Croix ou rosace.
    R'. SIRES DE CELES. Croix. Denier.   1 p.

194 — *Bretagne*. Guingamp. Jean Ier, Charles de Blois, Jean IV,
    Jean V, François Ier, François II.   1 p.

195 — *Aquitaine*. Le Prince noir; pavillon, 1 p.; esterling, 2 p.   3 p.

196 — *Poitou*. Richard et Alphonse.   3 p.

197 — *Béarn et Navarre.* Centulle, François Phœbus, Henri d'Albret, Antoine et Jeanne, François II.   13 p.

198 — *Provence.* Robert, 2 p.; Charles Ier, 1 p.   3 p.

199 — *Orange.* Raymond, florin, 1 p.; denier, 1 p.   2 p.

200 — *Maguelone.* Denier et obole.   6 p.

201 — *Dombes.* Louis, teston, 1 p.; Gaston, écu d'or.   2 p.

202 — *Flandres.* Louis de Male, Philippe le Beau, Charles le Téméraire.   3 p.

203 — *Brabant.* Jean, 1 p.; Philippe le Beau.   2 p.

204 — *Hainault.* Maille, 1 p.; Marguerite, 2 p.; Guillaume, 1 p. 4 p.

205 — *Champagne.* Provins et Sens, Troyes.   5 p.

206 — *Cambray.* Pierre, gros au lion.   1 p.

207 — *Dreux.* Robert, 1 p. *Saint-Quentin.* Philippe d'Alsace, denier, 1 p.; Eléonore, 1 p.   3 p.

208 — *Rethel.* Charles II de Gonzague, douzain.   1 p.

209 — *Lorraine.* Metz, etc.   10 p.

210 — *Alsace.* Strasbourg, florin d'or, gros.   11 p.

211 — *Vauvillers.* Nicolas du Chastelet.   2 p.

212 — *Besançon.* Charles-Quint.   4 p.

Monnaies étrangères.

213 — *Angleterre*. Ethelred, 1 p.; Henri III. 2 p. 3 p.

214 — Edouard III, noble, 1 p.; gros, 1 p.; esterling, 6 p. 8 p.

215 — Henri VI. gros et demi-gros, 2 p.; Henri VIII, gros et demi-
gros, 2 p. 4 p.

216 — Edouard VI, 2 p.; Elisabeth, 1 p. 2 p.

217 — Charles Ier, couronne, 1 p.; demi-couronne, 1 p.; République, 1 p. 3 p.

218 — Cromwell, couronne, 1 p.; demi-couronne, 1 p.; schelling,
1 p. 3 p.

219 — Jacques II, couronne, 1 p.; 3 pences. 1 p. 2 p.

220 — Guillaume III, couronne. 1 p.

221 — Guillaume et Marie, demi-couronne, 1 p.; 3 pences, 1 p. 2 p.

222 — Anne, couronne, 1 p.; schelling, 1 p.; 2 pences, 1 p. 3 p.

223 — Georges Ier, quart de souverain, 1 p.; schelling, 2 p.; quatre
pences, 1 p.; deux pences, 1 p. 5 p.

224 — Georges II, demie couronne, 1 p.; schelling, 3 p. 6 pences,
4 p.; 1 penny et 2 pences, 3 p. 11 p.

225 — Georges III, quart et tiers de souverain, 2 p.; couronne, 1 p.;
demi-couronne, 1 p.; schelling, 4 p.; six pences 4 p.;
penny, 3 p. 15 p.

226 — *Espagne.* Florin d'or, 2 p.; 8 autres pièces or et argent. 10 p.

227 — *Suède.* Charles XI et XII, etc. 3 p.

228 — *Suisse.* Diverses monnaies argent et billon. 18 p.

229 — *Allemagne, Prusse, Italie.* 28 p.

230 — *Russie.* Catherine, Élisabeth, Pierre III. 13 p.

231 — *Turquie, Égypte, Algérie.* 14 p.

232 — Monnaies obsidionales françaises et étrangères, argent et bronze. 20 p.

Médailles, Jetons.

232 *bis* — Médailles du sacre de Charles IX, Louis XIII et Louis XIIII. 3 p.

233 — 19 médailles modernes françaises, argent, et une petite pièce d'or d'Henri IV et Marie de Médicis.

234 — 39 grandes médailles modernes françaises, plomb et bronze.

235 — Henri II, Henri IV et Marie de Médicis, Marie de Médicis, Anne d'Autriche et Louis XIV. 4 p.

236 — Médailles étrangères modernes, argent. 16 p.

237 — Médailles étrangères modernes, cuivre et étain. 16 p.

238 — Jetons en argent. 8 p.

239 — Jetons de cuivre, Louis XIII, XIV, etc. 75 p.

240 — Lot de monnaies françaises et étrangères, **en** cuivre, etc.

241 — Lot **de** monnaies françaises et étrangères, frustes, argent et **billon**.

242 — Lot de monnaies frustes, grecques et romaines, argent et cuivre.

243 — Tétradrachme d'Alexandre le Grand et de Thasos.   2 p.

244 — Médailles grecques fausses, Syracuse, Cnossus et un cycle.   3 p.

245 — Sceaux, plaques et bagues.   21 p.

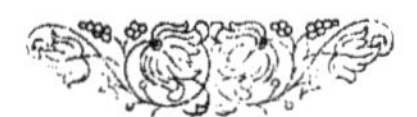

9 782329 539102